D1560184

NO TE
RINDAS

EL TRIUNFO DE LA FE SOBRE
LA OPOSICIÓN

BENNY HINN

PENIEL

BUENOS AIRES - MIAMI - SAN JOSÉ - SANTIAGO
www.peniel.com

©2009 Editorial Peniel

Ninguna parte de esta publicación puede
ser reproducida en ninguna forma sin el
permiso escrito de Editorial Peniel.

Las citas bíblicas fueron tomadas de la
Santa Biblia, Reina Valera, revisión 1960.
© Sociedades Bíblicas Unidas.

EDITORIAL PENIEL
Boedo 25
Buenos Aires, C1206AAA
Argentina
Tel. 54-11 4981-6178 / 6034
e-mail: info@peniel.com
www.peniel.com

Diseño de cubierta e interior:
ARTE PENIEL • arte@peniel.com

Publicado originalmente con el título:
Don't give up!
by Celebration Publishers
Orlando, Florida, EE.UU.

Hinn Benny
No te rindas MM. - 1a ed. - Buenos Aires : Peniel, 2009.
    96 p. ; 11x17 cm.
    Traducido por: Andrea Francisco
    ISBN 10: 987-557-253-5
    ISBN 13: 978-987-557-253-9

Impreso en Colombia / Printed in Colombia

Í N D I C E

INTRODUCCIÓN

Dios nunca prometió que el camino que conduce a la felicidad, a recibir los milagros del Señor, estará libre de problemas. Debes saber que el sendero se encuentra lleno de obstáculos y desvíos de toda clase.

Sin duda, te enfrentarás a las fuerzas más destructivas del infierno. Así como se opusieron a Jesús y sus discípulos se opondrán a ti. Pero también es cierto que tienes a tu disposición los recursos que ellos tenían para vencer.

Un hombre llamado Jairo y una mujer enferma sufrieron grandes oposiciones antes de gozar la libertad y ver los milagros de Dios afectar positivamente sus vidas. En este libro aprenderás el valor de la fe y de la perseverancia. Empieza a descubrir esa semilla de la Palabra de Dios que ha sido sembrada en tu corazón, y deja que florezca con toda su potencia en ti.

Su Palabra te dará fuerza y perseverancia, aun cuando tus piernas espirituales estén doloridas, y cuando sientas deseos de rendirte.

Asimismo, debes darle tiempo a esa semilla para que eche raíces, produzca vida y frutos. A medida que vayas en este viaje, Dios espera ver en ti dos importantes elementos: fe y determinación. No bajes los brazos ante la primera dificultad de la vida, ni tampoco frente a la primera oposición, lucha hasta el fin. ¡No te rindas!

CAPÍTULO 1

JESÚS
EL
SANADOR

"El espíritu del Señor está sobre mí, por cuanto me ha ungido para dar buenas nuevas a los pobres; me ha enviado a sanar a los quebrantados de corazón; a pregonar libertad a los cautivos, y vista a los ciegos; a poner en libertad a los oprimidos; a predicar el año agradable del Señor."

(LUCAS 4:18-19)

¡Que palabras tan poderosas! Jesús las usó al principio de su ministerio cuando estaba en Nazaret. Fue el encargado de leer las Escrituras en la sinagoga, en un día de reposo. Al final de su lectura Lucas nos dice que *"los ojos de todos estaban fijos en él"*. La gente se había quedado mirando a Dios hecho hombre.

El evangelio dice que nuestro Señor estaba *"lleno del Espíritu"*, lo cual sorprende a muchos que no saben que Jesucristo era totalmente hombre y totalmente Dios.

"Yo soy Aquel, de quien Isaías escribió", les estaba diciendo Jesús. Él era él *"Yo soy"* del Antiguo Testamento, que con la unción del Espíritu Santo venía a sanar los corazones de hombres y mujeres. Él era el Eterno que destruiría los poderes del diablo y liberaría a la gente del poder que los tenía esclavizados.

Hebreos 13:8 dice: *"Jesucristo es el mismo ayer, y hoy, y por los siglos"*. Es a medida que vamos conociendo a nuestro Señor y crecemos en nuestra relación con Él, que vamos descubriendo su persona, bondad e inmutabilidad. A.W. Tozer dice algo muy significativo: "Dios nunca ha hecho en el pasado un bien

DIOS NUNCA HA HECHO EN EL PASADO UN BIEN EN RESPUESTA A LA FE DE UNA PERSONA, QUE NO ESTÉ DISPUESTO A HACERLO OTRA VEZ.

en respuesta a la fe de una persona, que no esté dispuesto a hacerlo otra vez. Todo lo bueno que ha hecho en el pasado en respuesta a la fe, está dispuesto a hacerlo otra vez".[1]

"Y recorrió Jesús toda Galilea, enseñando en las sinagogas de ellos, y predicando el evangelio del reino, y sanando toda enfermedad y toda dolencia en el pueblo."

(MATEO 4:23)

El Nuevo Testamento está lleno de relatos similares a este; el ministerio del Señor Jesucristo y sus discípulos está rodeado de milagros. Siempre me emociona leer pasajes de las Escrituras Sagradas que fortalecen nuestra fe al contar de los hechos y promesas dispuestas para nuestra sanidad.

He descubierto que no es la intención de Dios que sus hijos vivan con enfermedades. Él quiere restaurarlos y sanarlos. Tiene todo el poder para hacerlo.

---

1. Tozer A.W. Jesús, el autor de nuestra fe. 1989 Editorial Clie pág. 73

"Sanando toda enfermedad y dolencia en el pueblo", indica que no había enfermedad que Jesús no sanara. Tenía poder sobre todas las enfermedades.

Jesús limpió al leproso en Mateo 8:2-3 cuando extendió la mano y dijo: *"Quiero, sé limpio"*. Inmediatamente la lepra desapareció y el leproso fue sano.

Es su voluntad. Jesús dijo: Quiero. Creámosle y confiemos en él. Busca lo que dice la Biblia y luego vé al Señor, no diciendo: si fuera tu voluntad. Si conoces las promesas de Dios verás que sí es su voluntad que seas sanado y disfrutes de salud.

Jesús le dijo al leproso: "Quiero, sé sano". Y hoy te dice a ti lo mismo, que seas sano. Nótese algo que a menudo se pasa por alto. La Biblia no dice que Jesús respondió, quiero, y luego extendió su mano. No, él primero extendió la mano y luego dijo, quiero. ¿Te das cuenta que cuando Jesús hizo esto, estaba diciendo: "quiero tanto sanarte que te tocaré, comenzaré a sanarte aún antes que tú extiendas tu mano para recibir esa sanidad"?

Jesús respondió al desesperado clamor del ciego Bartimeo en Marcos 10:46-52 cuando le preguntó:

"¿Qué quieres que te haga?" Bartimeo respondió, *"Maestro, que recobre la vista".*

Y Jesús le dijo, *"Vete, tu fe te ha salvado".* Las Escrituras dicen que enseguida recibió su vista, y siguió a Jesús en el camino.

En otra ocasión fue Jesús a la casa de Pedro y vio a su suegra en cama, con fiebre *"Y tocó su mano y la fiebre la dejó; y ella se levantó y les servía"* (Mateo 8:14-15).

El hombre de la mano derecha seca recibió su milagro instantáneamente al obedecer la orden de Jesús: *"Extiende tu mano"* (Lucas 6:6-10). Y al hacerlo, su mano fue restaurada y sanada.

En esto vemos lo importante que es la acción para un milagro. Si quieres que Dios haga en tu vida el milagro que esperas, debes actuar según tu fe, debes hacer algo al respecto, debes desatar tu fe. Este hombre extendió su mano y fue sanado por el poder del Dios Todopoderoso.

En Juan 5:19 el paralítico del estanque de Betesda fue sanado después de padecer su enfermedad por treinta y ocho años.

Multitud de enfermos, ciegos, cojos y paralíticos yacían esperando el movimiento del agua que un ángel agitaba cada tanto, y el primero que descendía al estanque era sano de cualquier enfermedad que tuviese.

Jesús, al saber que llevaba tanto tiempo le preguntó: *"¿Quieres ser sano?"* El hombre le respondió que no tenía quién lo metiera en el estanque cuando se agitaba el agua y como era paralítico no llegaba a tiempo; siempre le ganaba otro.

Jesús ignoró las circunstancias y los comentarios del hombre y le dijo: *"Levántate, toma tu lecho y anda".*

¡El enfermo fue sanado instantáneamente, y como Jesús le había indicado hacerlo, tomó su lecho y anduvo!

Oídos sordos fueron abiertos, aquellos poseídos por demonios, o los que sufrían ataques, fueron liberados y sanados.

Todos estos y muchos otros maravillosos milagros tuvieron lugar cuando Jesús recorría las ciudades de Galilea.

¡Y el poder de Jesús sobre la enfermedad no ha cambiado! *"Jesucristo es el mismo ayer, y hoy, y por los siglos"* (Hebreos 13:8).

NO HAY DÍAS DE MILAGROS, SINO UN DIOS DE MILAGROS.

El mismo Jesús que caminó por esta Tierra hace dos mil años, todavía sana hoy, los males desaparecen y los cuerpos son transformados por el toque sanador de Jesús. Salud y vida se manifiestan cuando el Maestro entra en escena.

En el libro de los Hechos de los Apóstoles 10:34 se declara que *"Dios no hace acepción de personas"*. Si la sanidad fue dada a tantas personas como lo relatan las Escrituras en toda su extensión, entonces está al alcance de todos.

Los milagros no son selectivamente otorgados sobre aquellos considerados dignos, sino que está disponible para todo hombre, mujer, niño y niña. ¡Eso significa que está disponible para ti!

La sanidad de Dios no se limita a una época en la

historia o a ciertos individuos. Él es el "Dios de mila-

gros", un Padre amoroso, lleno de gracia, que nunca cambia, que ha obrado y siempre obrará lo imposible en las vidas de los mortales cuando lo buscan y piden con fe, cuando esperan recibir.

> LA SANIDAD DE
> DIOS NO SE LIMITA
> A UNA ÉPOCA EN
> LA HISTORIA.
>
> ❦

La promesa de Dios de sanidad y salud es la misma para esta generación como lo ha sido para todas las generaciones a lo largo de toda la historia. Su capacidad para sanar ojos ciegos es tan grande hoy como cuando el ciego Bartimeo recibió la vista (Marcos 10:52).

Los cojos se ponen de pie y andan saltando tal como lo hizo aquel hombre a la puerta del templo llamada la Hermosa (Hechos 3:8).

Recibir un milagro no es algo que ganamos por medio de buenas obras. Tampoco es un regalo para mostrarnos amor y aprecio. La sanidad nos pertenece por ser sus hijos. Es nuestra herencia (Éxodo 15:26).

El camino que nos conduce a la salud está claramente marcado en las Escrituras, ellas dicen que la Palabra de Dios debe "sobreedificarse" en nosotros. Cuando esto ocurre estamos listos para recibir lo que legítimamente es nuestra herencia. *"Y ahora, hermanos, os encomiendo a Dios, y a la palabra de su gracia, que tiene poder para sobreedificaros y daros herencia con todos los santificados"* (Hechos 20:32).

En una época de todo instantáneo, la gente quiere recibir todo ya, por eso, espera que el Señor conteste sus oraciones en el mismo instante. Pero el Reino de Dios tiene otra mentalidad, es la Palabra que nos sobreedifica primero y luego nos da lo que pedimos.

A ninguno de nosotros nos agrada esperar, pero la semilla (la Palabra) que ha sido plantada en el corazón tiene que dar su fruto primero. Por eso si quieres alcanzar la liberación y la sanidad, siembra primero la semilla de la verdad.

¡Señales y prodigios aún ocurren! Los tiempos de milagros no han cesado. Si tú necesitas un milagro hoy, no mires las circunstancias que te rodean, ni las que estás enfrentando, mira a Jesús, ¡porque nada es imposible cuando tienes fe en Él!

CAPÍTULO 2

MIRAR
HACIA LA
VICTORIA

Fe, el vehículo a la victoria

E s fácil decir que uno posee una fe gigantesca y vencedora. Que frente a cualquier necesidad que se le presente creerá en Dios; todo eso es fácil decirlo mientras tu vida está libre de crisis, cuando te encuentra en la cumbre de una montaña y todo te va bien, pero ¿qué ocurre si de repente te confrontan los problemas y la incertidumbre? Tal vez una mala noticia de parte de tu médico, o llega otro tipo de circunstancia amenazadora, ¿hasta dónde podrás mantener esa posición?

El que no conoce ni entiende las promesas que contiene la Palabra de Dios puede ser fácilmente atado y hasta vencido por el temor. Olas de desesperación y duda pueden apoderarse de ese hombre o esa mujer, y el temor súbitamente puede tomar el control.

La fe en Dios y en sus promesas eternas es el arma más poderosa que nosotros como creyentes tenemos contra el temor. No solo creo que es la voluntad de Dios que usted sea sanado, sino que también es su voluntad que viva sano, hasta que sea llamado al hogar celestial (Vea Job 5:26).

Pero ¿qué es la fe y cómo viene?

La Biblia declara en Hebreos 11:1 *"Es, pues, la fe la certeza de lo que se espera, la convicción de lo que no se ve".* El versículo 6 de ese mismo capítulo sigue diciendo *"Pero sin fe es imposible agradar a Dios; porque es necesario que el que se acerca a Dios crea que le hay, y que es galardonador de los que le buscan".*

Como ministro del Señor, que cree en la Palabra de Dios, he hablado palabras de fe y sanidad cientos de veces. Desde Suecia hasta Corea, desde Bogotá hasta Canadá, he visto a personas llenas de dolor y desesperación recibir milagros del Señor. Fueron sanadas en el mismo momento en que creyeron. Por eso la fe es de tanto valor para que usted pueda recibir su milagro.

Permítele tiempo a la Palabra de Dios para que vierta su poder dentro de ti e inunde tu cuerpo. Camina por la senda de tu vida proclamando: "La Palabra de Dios es viva y eficaz, se está sobreedificando en mí. Por medio de la fe y la paciencia heredaré sus promesas".

¿Es la fe esencial para la sanidad? Absolutamente. Su fe debe crecer y aumentar diariamente, si es que desea recibir la herencia que le es prometida. Nuestro Señor sanó a los que se le acercaron con fe. Aunque algunas veces Jesús por su compasión sanó a algunas personas, la Biblia declara que durante su estadía en Nazaret no pudo hacer allí muchos milagros, a causa de la incredulidad de ellos (Mateo 13:58).

Las páginas de la Biblia están llenas con muchos relatos de la intervención divina en las vidas de hombres y mujeres comunes. Dios intervino en los asuntos de los hombres a lo largo del Antiguo Pacto al clamar estos por Él. Pero cuando Dios envió a Jesucristo, su Hijo, a nacer y a vivir como el Hijo de Dios y el Hijo del hombre, reemplazó el Antiguo Pacto con un Nuevo y mejor Pacto.

Como niño, el comportamiento de Jesús era muchas veces reconocido como inusual y fuera de lo común para alguno de su edad. Por ejemplo, en una ocasión, a los doce años, se separó de María y José. Cuando ellos notaron que Jesús no estaba, lo buscaron diligentemente en todos los sitios donde estaban la mayoría de los niños de su edad, pero sin resultado positivo.

Durante los tres días que lo buscaron, Jesús estaba en el templo: discutía sobre la ley con los líderes religiosos de esos días.

Mientras Jesús hablaba, los doctores de la ley se maravillaban de su inteligencia y de sus respuestas. María y José finalmente lo descubrieron en el templo: "estaba encargándose de los asuntos de su Padre".

Una y otra vez, su gran entendimiento era notable para aquellos con autoridad en la comunidad religiosa

de esos días. ¿De dónde provenía este conocimiento?
¿Cómo podía un niño de esa corta cantidad de años
tener tanta sabiduría sobre los asuntos de la ley?

El ministerio y
los milagros de Jesús

A la edad de treinta años Jesús comenzó su ministerio público. Los milagros eran una parte normal de
su vida. Inexplicables acontecimientos en lo natural
ocurrían con frecuencia. Encontramos, por ejemplo,
agua común que se convirtió en vino, cojos que caminaban y corrían, personas que sus ojos habían sido
cegados, recibían la vista.

Otros que ya habían muerto, los vemos que salie-
ron de sus tumbas al oír el llamado de autoridad y poder del Maestro, mientras que en otros encontramos
la milagrosa e instantánea desaparición de las enfermedades, dolores y tantas otras cosas.

Jesús realizó muchos milagros durante sus tres

años de ministerio público; los que están registrados
en las Escrituras representan solo algunas de sus
obras.

> TODO LO QUE
> ESTÁ REGISTRADO
> EN LA BIBLIA
> ESTA HECHO
> PARA NUESTRO
> BENEFICIO Y
> PROVECHO.

Juan declara: *"Y hay también
otras muchas cosas que hizo Jesús,
las cuales si se escribieran una por una,
pienso que ni aún en el mundo cabrían
los libros que se habrían de escribir"*
(Juan 21:25).

Es importante recordar que
todo lo que está registrado en la
Biblia, cada milagro, cada deta-
lle, tiene sentido para nuestro
beneficio y provecho, y si fuese
necesario, para ayudarnos a pasar por el valle de la desesperación hacia la tierra de la victoria.

Si buscas a alguien que pueda justificar las enfermedades, ese no soy yo. No soy de los que oran diciendo: "Si es tu voluntad, Señor, sana a esta persona".
¡La voluntad de Dios es sanar! Nunca me oirás al orar,
decir palabras que puedan destruir la fe, tales como:

"Si es tu voluntad Señor, sánales". Dios quiere que tú y cada persona enferma sean sanados. Hoy, mañana y siempre.

Cuando Dios perdona a una persona, también incluye la provisión para la sanidad. El salmista declara: *"Bendice alma mía a Jehová, y no olvides ninguno de sus beneficios. Él es quien perdona todas tus iniquidades, el que sana todas tus dolencias"* (Salmo 103:2-3). Con un solo toque, el Señor perdona y sana.

EXPECTATIVA...
EL CLIMA PARA MILAGROS

"Fue, pues, con él; y le seguía una gran multitud, y le apretaban. Pero una mujer que desde hacía doce años padecía de flujo de sangre, y había sufrido mucho, y gastado todo lo que tenía, y nada había aprovechado, antes le iba peor, cuando oyó hablar de Jesús, vino por detrás entre la multitud, y tocó su manto. Porque decía: Si tocare tan solamente su manto, seré salva. Y enseguida

la fuente de su sangre se secó; y sintió en el cuerpo que
estaba sana de aquel azote."

(Marcos 5:24-29)

La historia de Jesús y la mujer con el flujo de sangre es un emocionante relato de cómo la fe produjo un milagro. Marcos nos cuenta cómo esta mujer había sufrido en esa condición por doce años. Ella había recurrido a la comunidad médica de aquellos días, sin contemplar gastos, en un intento de hallar una cura para su problema. Vez tras vez nuevos medicamentos y tratamientos eran probados para remediar esta condición. Y cada vez la luz de la esperanza se desvanecía al empeorarse su situación.

Imagínese cómo debería sentirse esta dama después de tanto tiempo de sufrir bajo esta condición y buscando cómo remediarla. Sin duda, sus recursos financieros estaban desmoronados. Había gastado todo su dinero en busca de una respuesta; y todavía no alcanzaba la ansiada sanidad; muy por el contrario, cada vez empeoraba más. Estaba desesperada y decidió buscar ayuda en Aquel de quien había escuchado hablar, que había sanado a tantos, ¡Jesús de Nazaret!

Buenas noticias habían llegado a la ciudad: este hombre, Jesús de Nazaret, vendría al lugar donde ella vivía. En el día en que Jesús iba a llegar, la mujer salió de su casa bien temprano. Nadie sabía exactamente cuándo llegaría Jesús, pero eso era lo de menos para ella, no le importaba cuánto debía esperar hasta que Él arribara.

Mientras caminaba casi arrastrándose por las calles repletas, la emocionada multitud la apretaba desde todos los ángulos. La calle desbordaba de gente; estaban por todos lados.

Hombres y mujeres se erguían como torres a su alrededor mientras que ella era arrastrada por la muchedumbre. La mujer había estado enferma por mucho tiempo y esta espera en semejante escenario la debilitaba más cada momento.

Mientras que la multitud se movía lentamente por la estrecha calle, pudo escuchar que alguien decía: "Creo que lo veo. Sí... ahí está Él. Puedo verlo ahora claramente. Se está acercando. ¡Es Él! ¡Es Jesús!"

Rodeada de gente por todos lados, la mujer tra-
tó de ver en qué dirección estaba concentrada toda
la atención. Por toda la multitud, podía escuchar las
voces que gritaban su nombre. En la distancia escuchó los gritos emocionados que lo llamaban: ¡Jesús!
¡Jesús!

Pero allí estaba como a la deriva en un mar de
gente. No podía verlo. Ni siquiera a lo lejos, solo
podía ver nada más que la muchedumbre a su alrededor.

Ella había escuchado algo respecto a milagros y
un hombre llamado Jesús. Pero no entendía todo lo
que le habían contado respecto a este hombre, pero
no tenía otra alternativa. Era su única salida. Si tan solo
este hombre llamado Jesús pudiese ayudarla... Desesperada, empujó hacia adelante.

Caminó en medio de esa muchedumbre y vio que
cerca de Jesús había un hombre que también tenía
una necesidad desesperante. Su nombre era Jairo,
uno de los principales religiosos de la sinagoga, un
hombre muy prominente en la comunidad. Pero en

ese momento Jairo no estaba allí en una misión oficial. Jairo no actuaba bajo el rol de su liderazgo, ni tampoco representaba a la sinagoga.

Era, simplemente, un padre desesperado en busca de ayuda para su hija a punto de morir. Como un principal de la sinagoga, y de acuerdo a la tradición religiosa, no era aceptable que estuviese en ese lugar, y menos para pedir ayuda de ese tal Jesús. De todas formas, como padre estaba dispuesto a hacer cualquier cosa, con tal de poder ayudar a su amada hijita.

Jairo había intentado todo en lo natural para que su pequeña hija se recuperase, pero nada parecía funcionar. De hecho, desmejoraba cada día. Él, también, había oído de alguien llamado Jesús y de los muchos milagros que ocurrían dondequiera que Jesús fuera. Ese hombre estaba decidido a explorar toda posibilidad para salvar la vida de su hija.

Su desesperación lo había guiado a encontrar a Jesús de Nazaret. Y luego de encontrarlo, lo había persuadido para que lo acompañara a su casa, con el fin de que hiciera algo con su querida hija, y Jesús estaba de acuerdo. Pero debido a la gravedad de la niña, cada segundo era crucial. Debían apresurarse.

Ahora, Jesús se detiene porque alguien le ha tocado el borde de su ropa, pero no ha sido un toque común, ha sido un toque de fe. Ha sido un toque que lleva involucrado una demanda, un toque con pedido de ayuda.

> Cada vez que tú digas: "Ayúdame", Él dice: "Lo haré".
>
> §

Esto es igual para ti, cuando dices: "Ayúdame"; Jesús no te desilusionará, siempre está dispuesto a ayudar.

Cada vez que tú digas: "Ayúdame", Él dice: "Lo haré".

Cuando dices: "Enséñame", Él dice: "Estoy listo, comienza a aprender".

Y cuando dices: "Ayúdame a orar", Él dice: "Comencemos".

Vez tras vez en las Escrituras vemos que cuando el Señor Jesús sanaba a los enfermos les pedía que hicieran algo antes de que ocurriera el milagro. Al hombre de la mano seca le dijo: *"Extiende tu mano"* (Ver Mateo 12:13). Al paralítico le dijo: *"Toma tu lecho y anda"* (Ver Juan 5:8). Esta mujer fue mucho más allá, hizo algo antes de que se lo pidiera. Y hacer algo es señal de fe, ya que la fe siempre tiene una acción.

A menudo durante las cruzadas, le digo a la gente que ponga su mano en la parte del cuerpo que necesita sanidad. Los animo a que empiecen a mover sus brazos y piernas doloridas o dañadas. Estas acciones no significan nada en sí mismas, pero demuestran que la persona tiene fe en el poder sanador de Dios.

Así como es cierto que Dios es soberano y puede hacer cuanto desea, Él se deleita cuando mostramos nuestra confianza y hacemos una acción de fe. No hablo de un acuerdo mental con Dios, sino hablo de una fe que se manifiesta en acción. Esta fe es real y recibe como respuesta amorosa del Señor, que coloca su poder de resurrección, vida y milagros a nuestra disposición.

CAPÍTULO 3

OPOSICIONES
ANTES DE UN
MILAGRO

J airo enfrentó siete tipos de oposiciones, antes de que el milagro por el cual creía se convirtiera en realidad.

Siete obstáculos intentaron impedir que recibiera este milagro. Pero el amor por su hija lo mantuvo firme.

Es muy importante comprender también que la oposición muchas veces se levanta antes de que el milagro sea una realidad. Antes de poder superar un obstáculo, debes reconocerlo, localizarlo e identificarlo. La oposición es enviada por el enemigo para derrotar y destruir. Lamentablemente, a muchos se les escapa su milagro porque fallaron en reconocer la verdadera fuente de la oposición.

Si a esta se le permite prevalecer, la fe comienza a

desvanecerse y eventualmente se convierte en temor.
Cuando el temor prevalece y se le permite ponerse en
el medio, el milagro pasa de largo.

Jairo enfrentó siete obstáculos. Algunos fueron obvios;
otros fueron más sutiles y difíci-
les de identificar.

Pero ningún tipo de oposición era demasiado grande para
Jairo. Él creía que este hombre
llamado Jesús podía ayudar a su
hija y estaba dispuesto a hacer cualquier cosa para
ayudarla.

LA FE NO NIEGA
EL HECHO,
LO CAMBIA.

Recuerda, la fe no niega el hecho, lo cambia. En
otras palabras, la fe no niega la realidad, sino que con-
fía en Dios y su poder para que actúe y la realidad sea
cambiada. Jairo creyó que Jesús podía rescatar a su
hija de las garras de la muerte. Cada vez que superaba
uno de estos obstáculos, estaba un paso más cerca del
milagro.

Oposición #1
El poder de la tradición

"Pasando otra vez Jesús en una barca a la otra orilla, se reunió alrededor de él una gran multitud; y él estaba junto al mar. Y vino uno de los principales de la sinagoga, llamado Jairo; y luego que le vio, se postró a sus pies."

(Marcos 5:21-22)

Jairo era uno de los principales de la sinagoga, un líder modelo con un rol preponderante en su comunidad. Era alguien a quien se respetaba y honraba debido a la posición que tenía. Sin embargo, cuando vio a Jesús, la Biblia dice que se postró a sus pies. Su actitud era totalmente contraria a la tradición y cultura judía, y hacerlo en público era absolutamente inaceptable.

Como judío fue criado con la mentalidad de que no estaba atado a nadie. La tradición lo prohibía. Este concepto se fortaleció a lo largo de su vida. Inclinarse ante otro hombre voluntariamente era una actitud que se limitaba a los esclavos, que indicaba sumisión a un individuo. Como líder o principal de la sinagoga Jairo se inclinaba solo a Dios, y mostraba así su sumisión al Dios Todopoderoso. No era aceptable bajo ninguna circunstancia para un judío el inclinarse a los pies de otro. Hacer esto en público era algo impensable.

¿Qué hombre en su sano juicio se arriesgaría al crear tal espectáculo?

Esta fue parte de la razón por la cual Pedro protestó tanto cuando Jesús lavó sus pies (Juan 13:6-8). Pedro estaba tan ligado a la mentalidad y tradición judía que al principio no podía permitir que Jesús hiciera eso. En la mente de Pedro, cualquiera que se inclinaba era un esclavo. Pero Jesús le respondió firmemente a Pedro cuando le dijo: *"Si no te lavare, no tendrás parte conmigo"*.

Yo he vivido en el Medio Oriente y esto es algo que quizás aquellos en la sociedad occidental no entiendan sobre la cultura oriental. La tradición es poderosa, quizás más poderosa que cualquier otra cosa, lo que incluye la Palabra de Dios o las amenazas del diablo en muchos casos. Si un oriental rompe la tradición, ha cometido el pecado imperdonable.

Para muchos orientales, la tradición ocupa un lugar de influencia mayor a cualquier otra cosa. Permítanme compartir un ejemplo personal para ilustrar esto brevemente.

Cuando yo recibí a Jesucristo como Señor y Salvador de mi vida y nací de nuevo, rompí con la tradición. Toda mi familia comenzó a molestarme y a ridiculizarme, era muy humillante para mí lo que me tocó vivir.

Un día ellos me dijeron: "Benny, tú estás arruinando el nombre de nuestra familia". Me rogaron que no deshonrara su reputación. Mi padre había sido un líder prominente y el apellido estaba "en juego". Pero llegó a ser obvio que nada podía extinguir el fuego de mi nueva fe. Yo era como un carbón encendido que nunca dejaba de arder.

Aunque vivía en Canadá en ese entonces, no pasó mucho tiempo para que se enteraran de este "acto vergonzoso" en Israel. Tan pronto como se lo informaron a mi abuela, ella tomó un avión desde Israel hasta Canadá solo para aconsejarle a mi padre que me repudiara. Pasó dos días durante los cuales me dijo que estaba loco, y luego regresó a Israel.

Yo había sido criado con la creencia que estaba prohibido hacer cualquier cosa que estuviese contra la tradición. De todas formas, una vez que fui salvo, pude superar los obstáculos que la tradición había establecido en mi vida.

Cuando Jairo, un principal de la sinagoga, se inclinó a los pies de Jesús, debemos notar que este acto no lo hizo secretamente, sino públicamente. De esa manera demostró su humildad, pero también su determinación para levantarse contra la tradición y el poder que la tradición una vez tuvo sobre su vida. A él le importaba más el bienestar de su hija que cualquier otra cosa.

Jairo quebrantó ese poder de tradición y no permitió que lo estorbara en la búsqueda de un milagro para su hija.

Si quieres conocer íntima y personalmente al

Espíritu Santo y a su poder milagroso, debes estar dispuesto a salir del sistema de tradición. Si deseas escuchar su voz y conocerlo como una persona, entonces debes entregarte a Él y dejar que tome tu mano y te guíe por su verdad.

Oposición #2
Miedo a la pérdida

"Y vino uno de los principales de la sinagoga, llamado Jairo; y luego que le vio, se postró a sus pies, y le rogaba mucho, diciendo: Mi hija está agonizando; ven y pon las manos sobre ella para que sea salva, y vivirá."

(Marcos 5:22-23)

Es importante entender lo significativo que es que un hombre como Jairo fuera a Jesús. La Biblia declara que Jairo era principal en la sinagoga. En esos días un principal de la sinagoga era reconocido y respetado como un hombre de autoridad entre los judíos.

Otros líderes judíos que visitaron a Jesús, como Nicodemo (Juan 3:1-2), lo hicieron secretamente y bajo la penumbra de la noche debido a la tradición de esos días. Él y otros como él, que fueron a Jesús, mantenían una posición de prestigio y eran respetados en la comunidad religiosa; por lo tanto, si querían seguir manteniendo sus posiciones, debían cuidarse de no ser vistos por otros superiores religiosos. Cuando se atrevían a romper con la tradición, arriesgaban perder mucho.

La tradición es fuerte en el Medio Oriente. Porque yo nací allí, sé que hay una fuerte mentalidad la que demanda que uno nunca, jamás se atreva a hacer nada diferente. La tradición es fuerte; uno no debe ir contra ella. Para un líder como Jairo el ir a Jesús era bastante dramático.

Antes que nada, fue a Jesús a plena luz del día, frente a una gran multitud. Cuando hizo esto, arriesgó su trabajo y su posición en la sociedad. No solo fue a Jesús en público, sino que públicamente le rogó a Jesús que sanara a su hija, lo que significaba que Jairo creía que Jesús era el Mesías.

Jesús ya había sido rechazado a estas alturas por la comunidad religiosa. Lo habían llamado un demonio y habían mostrado mucha irrespetuosidad y desprecio hacia Él. Debido a esto, cualquier judío que admitiera creer en Jesús era echado fuera de la sinagoga y tratado como un proscrito. Pero en ese momento, a Jairo no le interesaba perder su posición si podía salvar la vida de su hija.

LOS TEMEROSOS SON INFIELES

Desgraciadamente, aquellos que son temerosos son infieles, infieles a sus creencias y convicciones y finalmente al Señor. ¿Recuerdas la historia del hombre en Juan 9 que era ciego de nacimiento? Jesús se fijó en él mientras caminaba por una calle en Jerusalén con sus discípulos. Jesús abrió sus ojos ciegos y el hombre vio por primera vez. Todos lo que lo conocían estaban asombrados.

Hasta ese momento se lo conocía como el mendigo

ciego, pero ahora, de alguna manera, ¡podía ver! Indu-
dablemente, estaba muy ansioso de decirle a sus padres lo que había sucedido. E imagínense cuán
atónitos deberían de haber estado sus padres al ver a
su hijo entrar caminando, sin ninguna ayuda, viendo,
mientras expresaba todos los detalles de cómo era ver
por primera vez en su vida.

A todo lugar que fue, la gente le preguntaba cómo
era que había ocurrido este milagro. Muchos interro-
garon también a sus padres respecto a este inexplica-
ble suceso. Sin embargo, los padres de este hombre
tenían temor de decir algo respecto al milagro en su
hijo, cuando los fariseos y principales de la sinagoga
le preguntaban la razón por la cuál los ojos ciegos de
su hijo, ahora podían ver.

Tenían temor de decir algo sobre el milagro de su
hijo por miedo a ser echados de la sinagoga (Juan
9:22-23). Antes de tomar cualquier riesgo personalmente prefirieron decir: "No sabemos qué ocurrió.
Solo sabemos que es nuestro hijo y que había nacido
ciego. No sabemos cómo o por qué puede ver ahora.

Pregúntenle a él, ya tiene edad suficiente para res-
ponderles".

TEMOR FRENTE A LA VOZ DE DIOS

Un hombre o una mujer con miedo no pueden
discernir la voz de Dios. En 1 Reyes 17 hallamos la
historia de la viuda de Sarepta. El relato sagrado describe un encuentro entre Elías, el profeta de Dios y
una mujer viuda que recogía leña en la puerta de la
ciudad.

El siervo de Dios la llama y le pide un poco de
agua para beber. Mientras ella iba en busca del agua,
él agregó: *"Te ruego que me traigas también un bocado de pan
en tu mano"*. La mujer le respondió que estaba reco-
giendo dos leños para entrar y preparar una última
torta cocida, porque le quedaba solamente un puñado
de harina en el fondo de la tinaja y un poco de aceite
en una vasija, que comerían con su hijo y luego se de-
jarían morir.

Elías le dijo: "No tengas temor; ve, haz como has dicho;
pero hazme a mí primero de ello una pequeña torta cocida
debajo de la ceniza, y tráemela; y después harás para ti
y para tu hijo.

Porque Jehová Dios de Israel ha dicho así: La harina de
la tinaja no escaseará, ni el aceite de la vasija disminui-
rá, hasta el día en que Jehová haga llover sobre la faz
de la tierra. Entonces ella fue e hizo como le dijo Elías;
y comió él, y ella, y su casa, muchos días.

Y la harina de la tinaja no escaseó, ni el aceite de la
vasija menguó, conforme a la palabra que Jehová había
dicho por Elías".

(1 Reyes 17:13-16)

Todo el tiempo que ella actuó bajo temor, enfrentó muerte y destrucción. Pero cuando la mujer recibió la palabra de Dios, venció al miedo y respondió
en fe, y ella y su hijo fueron bendecidos con vida y
abundancia.

Conscientes del costo

Como principal de la sinagoga y un líder del pueblo, Jairo comprendió de antemano que si iba en busca de Jesús, existía una gran posibilidad de que perdiera su trabajo, su cargo, su posición y respeto en la sociedad, sus ingresos, y fuese despojado de sus responsabilidades.

Pero la Biblia declara que Jairo fue a Jesús y le suplicó en gran manera, le rogó que dispusiera de un momento para ver a su hija. Su único deseo era que su pequeña viviera y estuviese bien otra vez. Un hombre tan desesperado como Jairo había recurrido a todo médico que pudiese encontrar, pero sin ningún resultado.

Le dijo: *"Mi hija está agonizando; ven y pon las manos sobre ella para que sea salva, y vivirá"*. Estaba convencido de que si Jesús tan solo iba a su casa e imponía sus manos sobre su pequeña, sería sanada. Tenía fe para el milagro.

Los médicos y la ciencia han ayudado a muchas personas y continuarán ayudando a muchas más, pues

su compromiso con la investigación médica descubrirá
los secretos de los males que amenazan la vida. Pero
cuando has agotado todo posible recurso humano y no
hay ningún otro lugar donde acudir para recibir ayuda
en lo natural, existe todavía una respuesta: vé a Jesús.

Aún hoy muchos no quieren ir a Jesús, porque tie-
nen miedo de perder algo: amigos, un empleo, respeto
o alguna clase de prestigio en la sociedad. Enfrentan
la misma clase de oposición que Jairo enfrentó. Pero
cuando se decidió y salió a buscar a Jesús, tenía una
sola cosa en mente: "quería que su hija viviera".

Su deseo sobrepasaba cualquier temor de pérdida
que pudiese oponérsele. Pero superó el temor a la pérdida y se acercó aún más a su milagro.

Oposición #3
La multitud

"Y le rogaba mucho, diciendo: Mi hija está agonizando;
ven y pon las manos sobre ella para que sea salva, y

vivirá. Fue, pues, con él; y le seguía una gran multitud,
y le apretaban."

(Marcos 5:23-24)

Observadores casuales, vecinos, y tal vez algunos que eran amigos personales de Jairo y su familia, se convirtieron en un obstáculo. Ellos siguieron a Jesús y lo apretaban o se reunían alrededor de Él como describe el evangelista Marcos.

Ponte en el lugar de Jairo por un momento, en un escenario moderno. Supónte que tu hijo está críticamente enfermo. Has intentado todo tratamiento, toda cura y remedio que la ciencia médica tenga disponible. Mientras tu hijo se debilita, tú te desesperas. Pareciera que no hay a dónde ir. Tiene que haber algo que puedas hacer. Tiene que haber una respuesta en algún lugar.

Entonces alguien te dice que hay un hombre llamado Jesús en tu ciudad. No sabes mucho sobre Él, pero has escuchado comentarios de muchos hechos inexplicables en relación con Él. Su nombre ha sido mencionado más y más frecuentemente en los últimos días en las conversaciones.

La gente tiene curiosidad por saber quién es y de dónde viene. Jamás se mencionó que Él fuera parte de la comunidad médica. Sin embargo, a todo lugar que va, los enfermos y desesperanzados quedan milagrosamente sanos. Debes intentar llegar a donde Él está. Quizás, tal vez, pueda ayudarte.

Tomas las llaves del auto, sales corriendo de tu casa, entras de un salto al auto, y rápidamente enciendes el motor mientras que te abrochas el cinturón de seguridad. Marcha atrás, acelerador, frenos, primera, y estás en camino rápidamente, por la carretera, yendo hacia el lugar donde dicen que va a estar Jesús.

Cuando estás llegando, tomas la siguiente salida, y solo te quedan algunas cuadras nada más.

Pero, un momento, ¿qué sucede? Solo unos metros más adelante ves un camión que retrocede. Los cuatro carriles están detenidos. Miras por el espejo retrovisor, tránsito por todos lados, ¿qué vas a hacer? ¡Debes llegar a Jesús!

Jairo enfrentó una situación similar. Su hija estaba muriendo y cada minuto contaba. No tenía otra opción más que correr hacia la multitud para llegar a Jesús. Jairo explica rápidamente su situación y Jesús asiente con la cabeza en respuesta a su urgente súplica. Aliviado, Jairo gentilmente guía a Jesús en la dirección de su casa donde está su hija críticamente enferma.

Mientras Jesús caminaba junto a él, la multitud que los seguía acrecentó su curiosidad como espectadores. Los seguían por detrás y cubrían las calles por delante. Pronto Jesús y Jairo fueron absorbidos por la muchedumbre. Cuanto más grande se hacía la multitud, más tiempo les llevaba llegar hasta la cama donde yacía la moribunda hija de aquel religioso. Pero Jairo había superado varias oposiciones y no sería vencido. Estaba decidido a que ningún obstáculo lo privaría de recibir su milagro.

OPOSICIÓN #4
USTED PRIMERO

"Pero una mujer que hacía doce años que padecía de flu-
jo de sangre, y había sufrido mucho de muchos médicos,
y gastado todo lo que tenía, y nada había aprovecha-
do, antes le iba peor, cuando oyó hablar de Jesús, vino
por detrás entre la multitud, y tocó su manto. Porque
decía: Si tocare tan solamente su manto, seré salva. Y
enseguida la fuente de su sangre se secó; y sintió en el
cuerpo que estaba sana de aquel azote. Luego Jesús, co-
nociendo en sí mismo el poder que había salido de él,
volviéndose a la multitud dijo: ¿Quién ha tocado mis
vestidos?"

(MARCOS 5:25-30)

Piensa nuevamente como si fueses ese pobre hombre sumido en la desesperación y la urgencia. Si tuvie-
ras una hija que está muriendo, no te interesaría ningún
otro milagro que no fuera el de tu hija. Jairo hacía lo
mejor que podía, para ir lo más rápido posible, por las

calles atestadas de gente: guiaba a Jesús a su casa donde estaba su hija moribunda.

Había enfrentado una gran oposición hasta este punto y la había superado. Pero la multitud estaba por todas partes, era muy difícil avanzar. Probablemente Jairo tomó a Jesús suave pero firmemente por el brazo para guiarlo a través del interminable mar de gente.

Su corazón debería latir aceleradamente con ansiedad mientras que caminaban rápidamente hacia allí. Cada momento era vital. Si Jesús no llegaba a tiempo, su hija moriría. Enfrentaba una crisis. Su hija a quien amaba tanto estaba críticamente enferma. Ya no había más médicos que consultar, ni nuevos descubrimientos científicos, ningún sistema de salud en el que confiar. No sabía a dónde más ir por ayuda. Si tan solo Jesús pudiese llegar allí a tiempo... ¡Tenían que darse prisa!

De pronto el Señor se vio inesperadamente retrasado. Mientras que Jairo guiaba a Jesús a través de las calles, cada vez los rodeaban más y más personas.

Había tanta gente que en esta masa de humanidad todos quedaban fuertemente apretados unos con otros.

En medio de esa multitud, Jesús se detuvo y preguntó, *"¿Quién me ha tocado?"* ¡Imagínate lo que pasaría
dentro de Jairo! No solo Jesús había disminuido su
marcha debido a la multitud, sino que ahora también
había decidido detenerse a ver quién lo había tocado.
¡Ahora no se movían en absoluto!

Cuando Jesús se volvió y dijo, *"¿Quién me ha tocado?"*, Jairo probablemente pensó, "¿En esta multitud?
Cualquiera podría haberlo rozado. ¿A quién le importa? ¡Por favor, Jesús, mi hijita puede estar muriéndose
ahora mismo!"

Al detenerse Jesús, la curiosa multitud probablemente se agolpó apretándolos aún más, haciendo imposible el moverse en ninguna dirección. Segundos
más que preciados se escapaban y la vida de la hija de
Jairo estaba en peligro.

Si yo hubiese estado allí y hubiese sido Jairo en esta
situación, le hubiera dicho a Jesús: "No importa cuánta
compasión pudieses sentir por esa mujer o cualquier otra

persona en esa multitud, acá nadie se muere. ¡Pero sin un milagro, mi hijita podría morir en cualquier momento!"

La vida de la mujer ciertamente no parecía estar en peligro. Mañana ella todavía estaría allí, enferma tal vez, pero no moribunda, podría esperar por su milagro. Pero la pequeña de Jairo estaba por morir.

Todo podría terminar en cualquier instante. Si yo fuese Jairo, hubiese estado muy preocupado al ver que alguien distrajese al Maestro, porque para mi hija cada segundo era crucial, cada momento podría ser la diferencia entre la vida y la muerte.

"Sus discípulos le dijeron: Ves que la multitud te aprieta, y dices: ¿Quién me ha tocado?"

(Marcos 5:31)

"Pero él miraba a su alrededor para ver quién había hecho esto. Entonces la mujer, temiendo y temblando, sabiendo lo que en ella había sido hecho, vino y se postró delante de él, y le dijo toda la verdad."

(Marcos 5:32-33)

Qué desalentador para un padre desesperado como Jairo. El Señor no solo se había retrasado debido a la multitud y el milagro que recién había ocurrido, sino que ahora la mujer que acaba de ser sanada decidió detener al Señor para contarle su testimonio.

La Biblia dice que la mujer le dijo a Jesús "toda la verdad", lo que significa que le explicó todos los detalles, incluso, su historia clínica como caso incurable por los últimos doce años.

Mientras que Jesús estaba allí parado pacientemente escuchando el detallado relato, Jairo probablemente pensaba en su débil y enferma hija. La condición por la que sufría la mujer, ni siquiera se acercaba a la de su hija, que era crítica. Seguramente Jesús podría haber sanado a la mujer en el camino de regreso.

Mientras Jairo aguardaba a un lado, impacientemente moviendo su pie, Jesús escuchaba atentamente a la mujer. Cuando ella concluyó con su relato, Él simplemente respondió: *"Hija, tu fe te ha hecho salva; ve en paz, y queda sana de tu azote"* (Marcos 5:34).

Si bien Jairo se consumía por la preocupación por su hija, es importante destacar que no hizo nada para impedir que la mujer recibiera lo que estaba preparado para ella. No hizo nada para interponerse en el camino de su milagro. Y debido a esto, el milagro tan esperado por él, estaba a la vuelta de la esquina.

Oposición #5
Superar la duda y la incredulidad

"Mientras él aún hablaba, vinieron de la casa del principal de la sinagoga, diciendo: Tu hija ha muerto; ¿para qué molestas más al Maestro?"

(Marcos 5:35)

En otras palabras, ¡demasiado tarde, hombre, tu hija está muerta!

¡El mayor temor de Jairo se había hecho realidad! Qué noticia tan horrenda para un padre desesperado. Había hecho todo lo posible para llevar a tiempo a

Jesús. Pero el Señor se atrasó tantas veces... y ahora su hija se había ido.

Consideremos todo lo que Jairo había enfrentado y superado.

1. Tuvo que romper con la tradición por la que se había regido toda su vida e ignorar lo que la gente pensara de él, aun que lo vieran ir ante Jesús y postrarse a sus pies.

2. Tuvo que superar el temor de perder su posición en la sinagoga por ir a buscar la ayuda de Jesús, públicamente.

3. Necesitó encontrar la manera de pasar a través de una multitud para llegar a Jesús y pedirle que lo acompañe.

4. Luego tuvo que luchar contra otra multitud al tratar de guiar a Jesús hasta el lecho de su hija moribunda.

5. Justo cuando avanzaba, Jesús fue retrasado por una mujer que también necesitaba un milagro. Y entonces, emocionada por lo que acababa de

ocurrir, la dama utilizó una gran cantidad de precioso tiempo para compartir su testimonio.

Y cuando ella terminó de relatar todo a Jesús, Jairo recibió noticias de que su hija había muerto.

¡Demasiado tarde!

¿O no lo era?

"Pero Jesús, luego que oyó lo que se decía, dijo al principal de la sinagoga: No temas, cree solamente" (Marcos 5:36).

Mira la sensibilidad del Maestro hacia Jairo, que está registrada aquí. *"Pero Jesús, luego que oyó lo que se decía"*. Nadie tuvo que ir a contarle a Jesús lo que estaba pasando. Él estaba cerca cuando llegaron las malas noticias, pero luego que oyó lo que

> NO TENGAS MIEDO, SOLO CREE. ¡NO DEJES DE CREER!

se decía, casi con el guiño de un ojo, dijo al principal de la sinagoga: "No tengas miedo, solo cree. ¡No te rindas Jairo! ¡No dejes de creer!"

A Jesús le importaba tanto la fe de Jairo, tanto

como le importa la tuya, entonces buscó protegerla. No permitió que su fe fuera destruida por la noticia, sino que la protegió alentándolo.

Jesús dio aún un paso más: le dijo a la multitud que se volvieran cada uno a su casa. Solo permitió que Pedro, Jacobo y Juan lo acompañaran hasta la casa donde se encontraba la niña.

Si consideramos las circunstancias naturales, la situación parecía no tener solución. Pero ninguna situación o circunstancia carece de solución cuando Jesús está presente. Solo deja que entre en escena, y cuando lo hace, los problemas se acaban. ¿Cuál ha sido tu noticia? ¿Qué realidad estas viviendo? Solo deja que Jesús sea quien tiene el control.

Cuando los amigos de Jairo llegaron con la noticia sobre la muerte de su hija, le dijeron, "¿Para qué molestas más al Maestro?, tu hija murió; ¡todo terminó!"

Pero Jesús respondió inmediatamente diciendo: "¡No ha terminado, solo cree! ¡No te rindas, Jairo! ¡Solo cree!"

¡Recuerda, nada es imposible cuando pones tu fe

en Dios! Aún después de que la niña había sido declarada muerta, Jesús dijo: "¡No temas! ¡Solo cree!"

Jesús no iba a permitir que la fe de Jairo fuera destruida. La Biblia declara que si tenemos "fe como un grano de mostaza", eso es suficiente para que Dios obre. El Señor intervendrá a tu favor como lo hizo con Jairo. Un grano de mostaza no es mucho más grande que la cabeza de un alfiler, y aún así, la Palabra de Dios dice que es lo suficientemente grande como para trasladar montañas.

AUN CUANDO NUESTRA FE ES PEQUEÑA, ¡NUESTRO DIOS ES GRANDE!

Escuché que alguien alguna vez le dijo a Kathryn Kuhlman: "Usted debe tener una gran fe, Kathryn". Ella respondió: "No, tengo una pequeña fe, solo que en un gran Dios".

Podemos estar confiados en este hecho: aun cuando nuestra fe es pequeña, ¡nuestro Dios es grande!

Recuerda, también, en tu propia situación en que te encuentras. Tal como sucedió con Jairo, a Jesús le interesa tu fe. Él va a protegerla hasta que recibas tu milagro. ¡No te rindas! ¡Solo cree! Si Dios ve un pequeño *sí*, aquí en la Tierra, jamás lo pasará por alto: dirá un *sí* desde el cielo.

¿Por qué tardó Jesús en sanar a la hija de Jairo? Podría haberse apresurado e ignorado a la multitud, a la mujer con el flujo de sangre y a todo lo demás que los retrasaba. Pero no lo hizo. No existía una sensación de emergencia con el Señor porque estaba en control de todo.

¡Qué escena tan cargada de emociones debió ser esta! Mientras que la mujer se regocijaba porque había sanado y su mal había desaparecido, Jairo luchaba con su dolor y temor. Él había confiado mucho en que Jesús podía sanar a su hijita. Pero ahora ella estaba muerta.

Creo que Jesús tardó en sanar a la hija de Jairo con un propósito específico: engrandecer a Dios a los ojos del padre. Él había venido a Jesús desesperado y dijo: *"Ven, y pon las manos sobre ella para que sea salva y vivirá"*. Porque, que su hija críticamente enferma se levantara de su lecho de convalecencia hubiese sido maravilloso,

¡pero que su cuerpo ya muerto volviese a tener vida sería milagroso!

Pobre Jairo, esos últimos pasos hacia su casa fueron los más largos de su vida. ¿Cómo podría salir algo bueno de todo esto? ¡Su hija estaba muerta! Pero
no se daba cuenta en ese momento que cada paso que
daba lo acercaba cada vez más a su milagro.

Oposición #6
La batalla contra las emociones

*"Y vino a casa del principal de la sinagoga, y vio el al-
boroto y a los que lloraban y lamentaban mucho."*

(Marcos 5:38)

Jesús, junto con Pedro, Jacobo y Juan, finalmente
llegaron a la casa. Pero la batalla aún no había finali-
zado para Jairo. Jesús finalmente había arribado allí,
pero la niña había fallecido. La noticia sobre su muerte
probablemente resonó en su cabeza con cada paso de

regreso a casa. "¿Cómo pudo pasar esto? Si tan solo hubiese hecho que Jesús llegase a tiempo. ¿Puede ser esto posible? ¿Cómo puede ser qué mi hija realmente se haya ido? Esto tiene que ser un mal sueño. ¿Realmente me ocurre esto?"

Qué recepción la que encontró cuando regresó a su casa. Un montón de vecinos, amigos y familiares ya se habían reunido y todos lloraban y se lamentaban en forma casi incontrolable. Un sentimiento de desesperanza llenaba el ambiente, junto con los sollozos de aquellos afligidos por la muerte de la pequeña niña. Tanto ruido dolor y confusión, no era exactamente una situación llena de esperanza y fe.

Cada uno de los que estaban allí reunidos ya se había dado por vencido. En ese momento el padre entró en la casa acompañado de cuatro desconocidos. Todos los desconsolados asistentes los miraron con resignación y dolor. Esta era una prueba más para la fe de Jairo. Podía ser la destrucción de la poca que le quedaba. En este momento enfrentaba una batalla con sus emociones.

¿Se someterían sus emociones a su fe, o vencería su fe a sus emociones? ¿Cuál de las dos ganaría, la fe o el sentimiento?

Querido amigo, la batalla de las emociones es un tipo de oposición que deberás enfrentar algún día. Pero no importa lo que hagas, nunca permitas que tus emociones destruyan tu fe en Dios. Recuerda que es la fe y no las emociones, lo que logrará que tu milagro se convierta en realidad. No es por llorar, sino por creer.

Oposición #7
Superar el reproche

El último obstáculo que Jairo enfrentó fue la burla de aquellos más cercanos a él, familia, amigos y vecinos.

"Y entrando, les dijo: ¿Por qué alborotáis y lloráis? La niña no está muerta sino duerme. Y se burlaban de él."

(Marcos 5:39-40)

Cuando Jesús escuchó todo el llanto y el lamento de aquellos que se reunieron para consolar a Jairo, los echó fuera. Les preguntó por qué estaban haciendo tanto alboroto, cuando la niña no estaba muerta sino dormida.

Ellos respondieron inmediatamente burlándose e insultando a Jesús.

"¿No está muerta? ¿Qué quieres decir?"

"¡Ridículo! Por supuesto que está muerta. ¿Quién se cree que es este hombre?"

"¿Es este algún tipo de especialista o autoridad?"

"Obviamente, no ha escuchado las últimas novedades. ¿No sabe acaso, que el médico la acaba de declarar muerta?"

"¿Durmiendo? Solo está dormida, seguro... ¡para siempre!"

Aunque todas sus burlas estaban dirigidas a Jesús, al burlarse de Él también ridiculiza a Jairo por haber creído en Jesús y haber puesto su confianza en un desconocido, al que trajo a su casa.

La burla nunca es fácil de manejar, pero cuando

proviene de los incrédulos a veces se olvida más fácilmente. Pero no es así cuando viene de tu propia familia y de aquellos cercanos, en los que más confías, allí se torna muy difícil manejarla. ¡De hecho, puede parecer una persecución!

Pobre Jairo, su fe había sido atacada desde que había ido a Jesús. Pero aquí, una vez más, Jesús hizo algo para protegerlo, no le dejó ni lugar a la duda. Le ordenó a toda aquella multitud de llorones e incrédulos que despejaran el lugar. Unos eran solo burladores, otros sollozaban, pero estaban allí sin poder hacer absolutamente nada.

"Echando fuera a todos, tomó al padre y a la madre de la niña, y a los que estaban con él, y entró donde estaba la niña." Jesús hizo algo muy importante, echó fuera la incredulidad, la negatividad, a todos los que no tenían fe.

Recuerda esto: Jesús no intervendrá en el lugar donde necesitas

JESÚS NO INTERVENDRÁ HASTA QUE EL LAMENTO Y EL LLANTO SE DETENGAN.

el milagro, hasta que el lamento y el llanto se detengan. Hasta que la desconfianza se haya ido y la fe este presente.

¡Deja de llorar y lamentarte y comienza a confiar en el Señor! ¡Espera tu milagro!

Luego que los que dudaban, los que se lamentaban y lloraban se fueron, Jesús entró en la habitación donde se encontraba el cuerpo de la niña, acompañado por sus padres, Pedro, Jacobo y Juan.

"Y tomando la mano de la niña, le dijo: Talita cumi; que traducido es: Niña a ti te digo, levántate. Y luego la niña se levantó y andaba, pues tenía doce años. Y se espantaron grandemente" (Marcos 5:40-42).

Cuando Jesús la llamó y la tomó de la mano, sus ojitos se abrieron y miró a su madre y a su padre. Luego probablemente se desperezó, se levantó de la cama y puso sus brazos alrededor de su padre y le dio un gran beso. Y le dieron de comer.

¡Que tremendo gozo debió haber experimentado Jairo! De pronto ya nada importaba, los problemas y obstáculos que había enfrentado, la posibilidad de perder su posición en la sinagoga, las tardanzas, las tradiciones, la manera en que sus amigos y vecinos lo ridiculizaban todo lo que había soportado. ¡Su hija estaba viva y bien! ¡Estaba sana! ¡El milagro finalmente había ocurrido!

¿Sabes por qué Jairo recibió su milagro? Porque superó tantos diferentes tipos de oposición que intentaron desalentarlo para que no confiara en Jesús. No se preocupó por su carrera, tradición o la opinión pública. Tampoco se interpuso en el camino del milagro de alguien más. No dijo: "¡Jesús, no puedes sanarla ahora! ¡Mi hija está enferma! ¡Olvídate de la mujer!" No importa lo ansioso y preocupado que estuviese, no hizo nada para impedir que la mujer recibiese su milagro. La señorita Kuhlman muchas veces dijo: "Si tú oras por la sanidad de otro, es cuando recibirás la tuya".

Cuando tú confías en Dios como Jairo confió en Él, ese día, Jesús dirá: "¡Este es tu día!"

Kathryn Kuhlman muchas veces dijo: "Cuando Jesús vea un corazón confiado, se detendrá de sus ocupaciones en el mundo para oír ese corazón".

Y en ese momento, cuando tu confías, Él responde, como lo hizo con Jairo. "Ahora es tu tiempo, amigo. ¡Este es tu día!"

CRUZAR
LA LÍNEA
HACIA LA
BENDICIÓN

CAPÍTULO 4

¿Por qué nuestros dos amigos que hemos visto en este libro consiguieron el milagro que perseguían? ¿Está disponible para nosotros hoy el mismo poder que actuó en ellos?

Recuerdo cuando una mujer de mi congregación me relató su historia personal. Cuando era niña, sus padres la habían tratado muy mal, y había estado enferma por muchos años. Su estadía en los hospitales eran tantas que no lo podía recordar, y los problemas físicos continuaban hasta ese día que hablaba conmigo.

Me había escuchado predicar muchas veces sobre sanidad divina, y creía lo que decía, pero me dijo: "Pastor, he hecho todo lo que usted ha dicho. En algunas ocasiones comencé a hacerlo incluso antes de que usted lo dijera, he tratado de poner en práctica la Palabra de Dios, y sé que Él quiere sanarme; sin embargo no he recibido todavía el milagro. ¿Por qué estoy enferma todavía?"

Ahora debemos entender que esta es la misma pregunta de mucha gente que se esfuerza y cree, pero no recibe la respuesta a su dolor.

"Imaginemos una línea dibujada a lo largo de este piso", le dije mientras señalaba el suelo en el altar de la iglesia. "De aquél lado de la línea está la gente que tiene una idea equivocada acerca de la Palabra de Dios y su voluntad. Supongamos que esa persona recibe la luz de la Palabra y cruza la línea; la sanidad no ocurre en el instante que la cruza, debe seguir caminando hasta que la reciba."

Me preguntó: "¿Que cosa es ese espacio?"

"Cuando usted siembra una semilla, no puede esperar recoger la cosecha al otro día, tiene que darle tiempo para que eche raíces, produzca el fruto, entonces sí se goza al cosecharla", le dije. "Creo que usted

CRUZAR LA LÍNEA HACIA LA BENDICIÓN   77

ha cruzado la línea, ha entrado en el área donde Dios puede comenzar a realizar el milagro."

La Biblia dice: *"Es pues la fe, la certeza de lo que se espera, la convicción de lo que no se ve"* (Hebreos 11:1).

¿En qué momento la gente recibe su sanidad? ¿Hoy? ¿Mañana? La verdad más importante que debemos saber, es que hemos recibido la provisión para nuestra sanidad hace dos mil años. La obtuvo Jesús cuando murió en la cruz.

> HEMOS RECIBIDO LA PROVISIÓN PARA NUESTRA SANIDAD HACE DOS MIL AÑOS.

Cuando tú crees en tu corazón, en tu alma y en tu mente que el pago legal para tu sanidad ya ha ocurrido, te diré que has cruzado la línea. Has entrado en el terreno fértil, donde puede crecer la semilla; solo te resta seguir caminando por el mismo camino, sin rendirte.

El Señor no quiere que tengas pensamientos negativos, ya que estos destruyen la fe. Satanás trata de sembrarte dudas en tu mente con el fin de abortar el milagro que Dios tiene preparado para ti. Levántate y di: "¡No aceptaré ni toleraré la enfermedad!"

¿Qué clase de semilla debes sembrar? Jesús dijo: *"La semilla es la palabra de Dios"* (ver Lucas 8:11). ¿Cómo viene la salud? Tu sanidad viene por medio de la Palabra del Señor. No siempre es automática ni instantánea. Debes encontrarla, perseverar en ella hasta obtener la específica Palabra de Dios para ti.

Déjame darte algunos consejos con el fin de ayudarte mientras caminas después de cruzar la línea.

Primero, presta atención. Solo podrás asirte, aferrarte de la Palabra de Dios si tienes tus oídos, ojos y corazón abiertos para dejarla entrar. No encontrarás la sanidad si solo hechas un vistazo, o si te emocionas un poco. ¡No, necesitas actuar de manera firme y audaz!

El apóstol Pablo escribió las siguientes palabras a la iglesia

NECESITAMOS OÍR CONTINUAMENTE LO QUE EL SEÑOR NOS DICE, SIN DESCANSAR, NI PENSAR QUE ESO LO LEÍMOS AYER.

en Roma: *"Así que la fe es por el oír, y el oír por la palabra de Dios"* (Romanos 10:17). Alguien lo dijo de esta manera: "La fe es por el oír, y oír y oír". En otras palabras, necesitamos oir continuamente lo que el Señor nos dice, sin descansar, ni pensar que eso lo leímos ayer. Nunca absorberás la Palabra con oírla solamente una vez, necesitas volver a hacerlo vez tras vez.

Segundo, necesitas mirar fijamente. Mira, mira y mira. Aprende a descubrir los secretos ocultos que están en la Palabra del Señor. Están puestos allí, como entre líneas para que solo los descubran los que se sumergen y buscan sus tesoros. *"Y estos eran más nobles (...) pues recibieron la palabra con toda solicitud, escudriñando cada día las escrituras para ver si estas cosas eran así"* (Hechos 17:11).

Tercero, ama la Palabra con todo tu corazón. Debes desarrollar pasión por la Palabra de Dios. Ámala, ámala, ámala. *"¡Oh, cuánto amo yo tu ley! Todo el día es ella mi meditación"* (Salmo 119:97). De esa manera empezaras a transitar por el camino, de este lado de la línea, esa es la manera de sembrar. Entonces estarás listo para recibir tu sanidad.

Luego de que la Palabra es sembrada, viene el

tiempo para la fe y la paciencia. Cuando siembres la semilla que has descubierto, no esperes que todas las veces dé fruto instantáneamente. Ten confianza y perseverancia. *"No perdáis, pues, vuestra confianza, que tiene grande galardón"* (Hebreos 10:35).

Una vez que sembraste tu semilla, continúa regándola. Nunca disfrutarás de la abundancia de su sanidad si permites que el terreno se seque. Sigue echándole agua a su fe con más Palabra de Dios y jamas, jamás te rindas.

Recuerda que te llevó algún tiempo cruzar la línea y llegar a donde estás. Puede ser que pase un tiempo hasta que seas una persona totalmente restaurada. El Señor limpia el corazón de una persona en el momento de su salvación, pero ser transformados *"por medio de la renovación del entendimiento"* puede ser un viaje muy largo. De la misma forma, la sanidad puede ocurrir después de transcurrir algún tiempo.

¿Has cruzado la línea? ¿Te encuentras en la posición para que el Señor realice el milagro en tu vida? No pierdas por nada la confianza en Dios. ¡No te rindas!

Mucha gente escoge un versículo de la Biblia y lo recita vez tras vez. Dicen: "Si lo confieso muchas veces, seré sano", entonces dicen: *"Mas él herido fue por nuestras rebeliones, molido por nuestros pecados; el castigo de nuestra paz fue sobre él, y por su llaga fuimos nosotros curados"* (Isaías 53:5).

Este es un versículo poderoso, pero no trates de establecer el poder sanador del Señor en uno solo. La Palabra debe saturarte; solamente si estás en esa condición, el poder sanador de Dios vendrá a ti. Desde Génesis hasta Apocalipsis necesita penetrar en tu vida. Recuerda que debes oírla y seguir oyéndola. Verla y seguir viéndola. Amarla y seguir amándola. La palabra de Dios tiene el poder para traer la sanidad, por la que has orado durante mucho tiempo.

La Palabra de Dios obra maravillas. Pablo dijo: *"Por lo cual también nosotros sin cesar damos gracias a Dios, de que cuando recibisteis la palabra de Dios que oísteis de nosotros, la recibisteis no como palabra de hombres, sino según es en verdad, la palabra de Dios, la cual actúa en vosotros los creyentes"* (1 Tesalonicenses 2:13).

HOY
PUEDE SER
TU DÍA

No me interesa si tu situación es muy mala. No es peor que el problema que estos dos personajes de la historia que hemos visto les tocó enfrentar. La mujer había gastado todo su dinero, estaba al borde la ruina económica, pero aún así, se hizo paso entre el gentío, perseveró hasta obtener la restauración de su salud.

Tres cosas muy importantes que hizo esta mujer, nos provee las Escrituras como una guía simple para todos nosotros. Primero, dice el versículo 27 que ella oyó hablar de Jesús. Nunca olvides que la fe viene por el oír.

Segundo, dice en el mismo versículo que ella se arrastró hasta que tocó el borde de las vestiduras de

Jesús. Esa acción es una forma de activar la fe. Recuerda que fe es acción.

Tercero, ella fue delante de Jesús y la multitud y testificó del milagro que había recibido. Estas tres cosas son muy valiosas: oyó, actuó sobre lo que había oído, y luego testificó después de haber recibido la sanidad, dijo: "He sido sanada".

Y cuando dices a alguien el milagro mantienes lo recibido. Por eso, cuando recibas tu milagro y seas sanado, no te lo calles, dile a otros que has sido sanado.

Jairo había visto una luz de esperanza mientras su hija vivía, pero Jesús se detuvo para sanar a una mujer y la muerte llegó a su hogar. No sé cuál es tu situación, cuán grave sea tu problema. Solo sé que puedes encontrar la misma respuesta si te aferras a la fe y la esperanza.

Escucha a Jesús decirte lo que le dijo a Jairo: "No temas, no te rindas. ¡Solo cree!" ¡Eso es poderoso!

Jairo estaba más que gozoso cuando la vida volvió al cuerpo de su pequeña hija. Solo unos momentos antes su corazón palpitaba lleno de angustia y ansiedad.

Luego Jesús se levantó en el medio de la tormenta emocional de ese padre y dijo: "No te rindas, no ha terminado aún. Yo todavía estoy aquí. ¡Todo va a salir bien!"

Tú tampoco debes rendirte, porque Jesucristo ha ganado la victoria para ti también. Y mientras que Él lo haya hecho, mientras Él sea quien tiene el control, mientras que Él sea el victorioso, ¿de qué te preocupas?

> MIENTRAS DIOS SEA QUIÉN TIENE EL CONTROL, ¿DE QUÉ TE PREOCUPAS?

"Bueno", dices tú, "tú no entiendes. ¡No sabes lo que estoy enfrentando!"

Si Jairo estuviese parado frente a ti, cara a cara, te diría: "¡No te rindas! En el momento más difícil, no te rindas porque cuando Jesús aparece, todo estará bien". Si la mujer estuviese a tu lado, seguro te diría: "Aún con tus últimas fuerzas, ¡no te rindas! Tu milagro está más cerca de lo que te imaginas".

Es notable que la Biblia no menciona qué pasó con todos los que se lamentaban y lloraban después que la niña fue levantada de entre los muertos. Y la verdad es que pienso que no se mencionan, porque no es importante. Lo que importa es que Jairo no se rindió. Debido a su determinación, recibió su milagro.

Si enfrentas algo que te parece imposible, que ante tus ojos esto que estás pasando hoy no tiene solución, recuerda que nada es imposible cuando Jesús entra en escena. Los problemas cesan cuando vemos a Jesús.

No veas las circunstancias que te toca enfrentar, contempla a Jesús.

No te rindas. ¡Solo cree!

Hoy me pongo de acuerdo contigo para recibir tu milagro y extiendo mi mano a ti en fe; confío en Dios para que la unción de sanidad la recibas y permanezca sobre tu vida.

UNA ORACIÓN PARA EL MILAGRO

Padre Dios, en Nombre de Jesucristo de Nazaret, me pongo de acuerdo con el lector para que reciba su sanidad y desato la unción de sanidad sobre cada persona que lea estas maravillosas promesas de tu Palabra. Mando a la enfermedad que salga, a la opresión que salga en el Nombre poderoso de Jesucristo. Padre, por el poder del Espíritu Santo, oro porque la unción de salud sea desatada ahora mismo en el Nombre de Jesús, y que desde ahora la salud, la restauración y la sanidad vengan a este amado santo. Que el poder y la unción del Espíritu Santo desciendan ahora mismo para traer sanidad total. Esto oro en el nombre maravilloso y glorioso de Cristo. Amén.

Benny Hinn

Esperamos que este libro
haya sido de su agrado.
Para información o comentarios,
escríbanos a la dirección
que aparece debajo.

Muchas gracias.

PENIEL
info@peniel.com
www.peniel.com